A MATRIZ DE CRESCIMENTO-PARTILHA DO BCG

A chave para a gestão de carteiras

A MATRIZ DE CRESCIMENTO-PARTILHA DO BCG

A chave para a gestão de carteiras

escrito por Thomas del Marmol
traduzido por Alva Silva

50MINUTES.com

A MATRIZ DE CRESCIMENTO-PARTILHA DO BCG: TEORIAS E APLICAÇÕES

INFORMAÇÃO CHAVE

- **Nomes:** Matriz BCG de crescimento-partilha, matriz BCG-matriz, Matriz de Portfólio de Produtos, matriz de Boston, análise de Boston Consulting Group, diagrama de portfólio. O seu nome vem do Boston Consulting Group, uma empresa internacional de consultoria estratégica, que conceptualizou a matriz.

- **Utilizações:** É utilizada principalmente por gestores que querem observar a importância relativa das atividades na sua carteira. Fornece conselhos para a carteira, encorajando o investimento, manutenção ou remoção de atividades.

- **Por que é bem sucedido?** Quando utilizada nas condições certas, permite aos gestores aprenderem mais sobre as suas atividades e tomarem as melhores decisões relativamente à atribuição de recursos e competências.

- **Palavras-chave:** SBU, ferramenta estratégica, quota de mercado relativa, taxa de crescimento do mercado, estrelas, vacas a dinheiro, pontos de interrogação, cães, líder, seguidor, autofinanciamento, economias de escala, ciclo de maturidade do mercado, matriz GE, Ashridge Portfolio Matrix.

INTRODUÇÃO

Atualmente, a necessidade de os gestores terem uma carteira de atividades variadas e serem capazes de gerir todas as suas atividades tão eficazmente quanto possível é amplamente aceite. De facto, qualquer pessoa que tire os olhos ao desenvolvimento da sua carteira de negócios, mesmo por um momento, será rapidamente punida pela sua negligência. Contudo, esta gestão de atividades não é fácil, e muitas empresas que se acreditavam invencíveis entraram em colapso em resultado de uma má análise do mercado ou da sobrestimação da sua força.

As matrizes de gestão de carteiras surgiram para ajudar estes gestores, permitindo-lhes compreender melhor o impacto das suas várias SBU (unidade de negócios estratégica).

 **É BOM SABER: SBU**

Uma SBU é uma subparte de uma empresa, à qual o gestor pode decidir atribuir ou remover recursos. A divisão de uma empresa em SBU responde a uma necessidade organizacional e proporciona uma melhor visão geral dos diferentes departamentos dentro da empresa. Cada SBU pode ser dirigida de uma forma autónoma e independente, dependendo das decisões da empresa.

História

O Boston Consulting Group foi fundado por Bruce D. Henderson (1915-1992) em 1963 e rapidamente cresceu para se tornar uma das maiores empresas de consultoria estratégica do mundo, com mais de 80 escritórios em quase 50 países diferentes. O BCG trabalha com empresas de diversos sectores, incluindo energia, saúde, automóvel e telecomunicações. Uma das suas principais inovações é a criação da matriz de growth-share da BCG.

A matriz de crescimento-partilha do BCG foi desenvolvida durante os anos 60, e permite aos utilizadores determinar a quota de mercado relativa de uma atividade, bem como avaliar o crescimento do mercado ligado à mesma. Em termos concretos, isto significa que a matriz permite aos gestores selecionar atividades geradoras de lucro ou de elevado potencial, atividades em declínio, e atividades com elevado risco de colapso.

A matriz de crescimento-partilha do BCG surgiu numa altura em que a compreensão dos mecanismos de mercado era da maior importância. Nessa altura, o processo de tomada de decisões era central para muitas questões dentro da comunidade financeira. O contexto era portanto favorável ao desenvolvimento e utilização de uma matriz que oferecia uma série de ferramentas para facilitar aos gestores a tomada de decisões sobre a atribuição de recursos. Consequentemente, foi muito bem recebida e foi rapidamente adotada pelos líderes empresariais.

Definição do modelo

A matriz de partilha de crescimento BCG instrui o utilizador a dividir as várias SBUs com base no seu crescimento previsto e quota de mercado relativa. Por conseguinte, baseia-se em dois eixos e separa as SEU em quatro categorias: estrelas, vacas a dinheiro, pontos de interrogação e cães. Graças a este modelo, os gestores podem fazer as melhores escolhas na atribuição de recursos às diferentes SBU. A matriz também lhes permite obter uma melhor visão geral do negócio e identificar quais as áreas de atividades estratégicas a promover e quais as que devem ser removidas.

TEORIA

CONTEXTO E CONCEITO

A matriz de growth-share BCG é uma das ferramentas de gestão de carteiras mais largamente utilizadas pelos gestores. Faz parte de uma coleção maior de matrizes de atribuição de recursos, incluindo as matrizes McKinsey e Ashridge. O principal objetivo destes modelos é facilitar o processo de tomada de decisão dos gestores, particularmente quando se trata de atribuir recursos escassos (monetários, materiais ou intelectuais) às diferentes SBUs. Por outras palavras, procuram estabelecer um plano coerente de alocação interna entre as SBU com base nas suas respetivas atrações (que estão ligadas à geração de lucro, potencial de desenvolvimento, etc.), mas também oportunidades de sinergia entre as SBU. Todas elas têm dois eixos: o primeiro tem a ver com as especificidades do mercado, enquanto o segundo diz respeito aos pontos fortes da empresa.

A matriz de ações de crescimento da BCG permite que as diferentes unidades de negócio estratégicas de uma empresa sejam traçadas num gráfico com dois eixos:

- O eixo vertical corresponde à taxa de crescimento do mercado, o que significa o potencial de desenvolvimento do mercado nos próximos anos. Considera-se geralmente que um mercado em crescimento experimenta um aumento de cerca de 5% das suas vendas em volume.

- O eixo horizontal representa a quota de mercado relativa da SBU. Para calcular a quota de mercado relativa, é geralmente utilizado um rácio: a quota relativa da SBU sobre a quota de mercado do principal concorrente.

  - por exemplo, se eu tiver 15% da quota de mercado e o meu concorrente tiver 10%, a minha quota de mercado relativa será igual a 1,5, uma vez que gera esse resultado.

A quota de mercado relativa é considerada forte quando o valor é superior a 1,25.

 **É BOM SABER: LÍDER OU UM SEGUIDOR?**

Para uma empresa, ser "líder" significa deter uma posição dominante para um produto num determinado mercado e ser reconhecido pelos pares como o "topo de gama" (a primeira empresa que me vem à cabeça) na sua categoria. Inversamente, um "seguidor" tem apenas uma pequena quota de mercado e é portanto forçado a alinhar-se com a concorrência se quiser sobreviver no mercado (Lambin and Moerloose, 2008).

As implicações deste modelo permitem aos utilizadores compreender os vários pontos que devem ser considerados antes de se dar prioridade a certas atividades.

De facto, embora o diagrama deixe claro que um mercado em crescimento combinado com uma quota de mercado significativa é extremamente atraente para os gestores, nem sempre é fácil saber como lidar com atividades que representam uma quota de mercado significativa em mercados estagnados ou em declínio. A questão das SBUs com uma quota de mercado baixa em mercados em crescimento exponencial levanta também muitas questões. Graças à informação acima referida, podemos separar o gráfico em quatro quadrantes para distinguir os diferentes tipos de SBU e os seus fluxos de caixa. O fluxo de caixa é calculado utilizando o balanço do exercício financeiro corrente (depreciação total e provisões + lucro líquido após impostos e antes da potencial redistribuição dos lucros) e indica a autonomia financeira da empresa.

- **As estrelas** representam as áreas de negócio com uma quota de mercado relativa considerável num mercado em crescimento. Podemos assumir que as atividades neste quadrante são frequentemente líderes de mercado e requerem investimentos significativos e contínuos para apoiar o seu crescimento, ao mesmo tempo que resistem à pressão dos concorrentes. Dito isto, os resultados irão mais do que reembolsar este investimento, uma vez que estas atividades geram lucros significativos para o gestor.

- **Os cães**, por vezes chamados animais de estimação, estão localizados no quadrante inferior direito. Representam as SBUs localizadas num mercado de baixo crescimento, com uma baixa quota de mercado relativa. Estas são frequentemente atividades em declínio que competem em mercados dominados por certos concorrentes (vantagem competitiva). Estas atividades "em envelhecimento" podem exigir grandes investimentos, apenas para produzir poucos ou nenhuns resultados no final. É por isso que é geralmente aconselhável eliminar estas atividades: continuar com elas poderia prejudicar o negócio.

- **As vacas a dinheiro** representam atividades com uma quota de mercado bastante elevada em sectores em declínio. Estas atividades têm frequentemente estabelecido uma posição dominante sobre os seus concorrentes num mercado maduro e, por conseguinte, requerem apenas um investimento limitado. De facto, o estado do mercado não levará provavelmente a novos operadores e não motivará os concorrentes existentes a desalojar os já existentes. O efeito da experiência, em particular graças a recursos, competências-chave e economias de escala, permite à empresa alcançar maiores lucros do que os seus concorrentes. O objetivo destas atividades já não é evoluir, mas sim 'ordenhar' o lucro produzido. Por conseguinte, são frequentemente responsáveis por influxos financeiros significativos e permitem o investimento, particularmente nas estrelas e nos pontos de interrogação.

 **É BOM SABER: O EFEITO DE EXPERIÊNCIA**

O efeito de experiência é observado quando se produz mais (economias de escala), quando o processo se torna mais sistematizado (normalização), ou quando

a perícia se torna cada vez mais forte (efeito de apren-
dizagem). Consequentemente, o custo unitário de
produção diminui (Lendrevie e Lévy, 2013).

- **Os pontos de interrogação**, também conhecidos
como crianças problemáticas, incluem atividades
que têm uma quota de mercado relativamente baixa
em mercados em crescimento. Como o seu nome
sugere, estas atividades representam um verdadeiro
problema para os gestores. No entanto, estas SBUs
representam também uma excelente oportunidade
para ganhos futuros, desde que grandes somas
sejam investidas cedo. Quando a atividade se encon-
tra num mercado em forte crescimento, ainda é possível alcançar o líder através da conquista gradual de
quotas de mercado graças a investimentos. A com-
plexidade da tarefa reside na escolha da SBU que tem
potencial suficiente para reivindicar uma posição de
liderança no mercado e tornar-se uma estrela no
futuro. Se os investimentos esperados não forem
recebidos ou forem demasiado pequenos, a atividade
poderá transformar-se num cão quando o mercado
atingir a maturidade. Os pontos de interrogação
devem, portanto, ser objeto de atenção especial.
Recomenda-se a existência de vários deles, uma vez
que nem todos se tornarão estrelas, mas devem ser
escolhidos cuidadosamente.

VANTAGENS DA UTILIZAÇÃO DA MATRIZ DE CRESCIMENTO-PARTILHA DE BCG

A matriz de crescimento-partilha do BCG permite aos gestores obter uma visão clara a longo prazo das diferentes SBUs. Torna possível posicionar as áreas de negócio, observar o seu lugar dentro da matriz e gerir melhor a afetação de recursos. Ao utilizá-la, os gestores podem decidir o futuro das UCI nas melhores condições: descobrirão quais devem remover e em que devem investir.

A matriz também permite aos utilizadores compreender as diferentes necessidades para o desenvolvimento de certas atividades. Requer que o gestor pense sobre o mercado e efetue uma análise interna das UCI, a fim de determinar o seu potencial de crescimento. O gestor pode, portanto, fazer uma estimativa do investimento necessário.

Finalmente, a matriz de crescimento-partilha do BCG serve como um lembrete de que os lucros de algumas SBUs devem ser atribuídos a atividades com um elevado potencial de desenvolvimento. Isto tornará o pessoal e os líderes conscientes da importância de serem económicos, mesmo que a atividade gere um elevado lucro.

LIMITAÇÕES E EXTENSÕES

PRESSUPOSTOS ANTERIORES

A aplicação deste modelo exige que os utilizadores aceitem dois pressupostos prévios:

- **Autofinanciamento.** A matriz de ações de crescimento da BCG negligencia a possibilidade de financiamento externo para a empresa. Utiliza principalmente o modelo de ciclo de vida do produto descrito acima para explicar a necessidade de diferentes SBUs em diferentes fases de maturidade do mercado, a fim de poder financiar as atividades com o maior potencial. A possibilidade de financiamento externo através de dívida ou de acionistas não é tida em conta.

- **O efeito da experiência.** Esta matriz só é realmente relevante se houver um efeito de experiência que favoreça o líder de mercado. Nos casos em que existe um efeito de experiência limitado, a empresa líder num mercado não será necessariamente mais rentável do que os seus seguidores, pondo assim em causa a validade do modelo.

É importante ter sempre em conta estes pressupostos, observando o mercado antes de aplicar a matriz de crescimento-partilha de BCG. De facto, uma análise deficiente do mercado poderia minar a eficácia do modelo e levar o gestor a tomar más decisões.

LIMITAÇÕES E CRÍTICAS

Embora a matriz de crescimento-partilha co BCG seja considerada como uma ferramenta útil que fornece uma assistência valiosa aos gestores que desejam monitorizar as suas várias atividades, tem no entanto uma série de limitações que é importante ter em conta. Os pressupostos acima são restritivos, mas podem facilmente ser verificados na prática. Além disso, há uma série de pontos que devem ser esclarecidos.

Terminologia imprecisa

Alguns dos termos utilizados não são fáceis de definir ou de quantificar. De facto, dependendo das características do mercado, a mesma quota de mercado relativa pode parecer alta ou baixa. Além disso, o mesmo mercado pode ser definido de forma diferente por gestores diferentes, o que torna o cálculo complicado. Os resultados podem, portanto, diferir dependendo da forma como o mercado é definido.

Por exemplo, se uma empresa vende canetas, deve considerar como concorrentes os vendedores de lápis e os vendedores de software de processamento de texto?

O gerente tenderá frequentemente a escolher a solução que melhor lhe convém, correndo o risco de acabar com uma vaca ou um cão a dinheiro. A resposta obtida através do mercado de growth-share é, portanto, geralmente baseada em critérios subjetivos específicos dos gestores, o que levou os críticos da matriz a argumentar que a solução é dificultada pela influência do seu utilizador.

Além disso, a separação entre os quadrantes pode variar em função do material de referência consultado. A linha entre um ponto de interrogação e um cão pode, por vezes, parecer desfocada.

A simplificação excessiva de um mundo complexo

Embora seja verdade que este modelo fornece uma boa ideia geral do posicionamento de cada SBU, não podemos ter a certeza de que, uma vez categorizadas, todas as atividades seguirão automaticamente o caminho descrito acima. Nem todos os cães estão condenados a cumprir o final trágico descrito acima, da mesma forma que as vacas a dinheiro nem sempre representam fontes constantes de receitas. De facto, um cão pode ser bastante bem sucedido se for implementada uma estratégia de diferenciação em relação ao líder, e pode alcançar um lucro durante um certo período. O gestor de uma vaca de dinheiro pode também achá-la desmoralizadora se todos os seus lucros forem sempre reafectados a uma atividade obscura e desconhecida. Neste caso, o comportamento do empregado não é tido em conta e pode levar a erros no desenvolvimento previsto pela matriz de crescimento-partilha do BCG. Finalmente, algumas sinergias podem levar o gestor a perceber que uma atividade localizada no quadrante canino deve ser mantida porque contribui para outras atividades.

Agindo sobre o resultado

Por conseguinte, é evidente que a conclusão alcançada através da matriz de crescimento-partilha do BCG deve ser considerada mais como um guia para a direção a seguir do que como uma recomendação clara e precisa. Não se recomenda basear todas as políticas apenas nos resultados de uma matriz de growth-share de aplicação apressada. Como o mundo económico é complexo, as previsões da matriz provam muitas vezes ser apenas parcialmente exatas. As conclusões de uma matriz de growth-share BCG devem, portanto, ser analisadas e aplicadas com cautela para evitar erros de julgamento que possam causar o colapso de uma SBU. Por exemplo, uma SBU na categoria de cães não deve necessaria-mente ser descartada em favor de outras unidades mais rentáveis, uma vez que pode já beneficiar outras SBU ao fornecer as competências de que necessitam para se desenvolverem conforme desejado.

MODELOS E EXTENSÕES RELACIONADAS

Há uma série de matrizes complementares ao modelo de growth-share, incluindo:

- Matriz GE da McKinsey

- a Ashridge Portfolio Matrix.

Ao utilizar estas novas matrizes, o gestor pode consi-derar certos fatores relacionados com a atratividade do mercado que são negligenciados pela matriz de crescimento-partilha. Isto, por sua vez, permite-lhes construir a melhor carteira de negócios possível.

Matriz GE da McKinsey

Esta matriz foi desenvolvida pela McKinsey & Company, que é especializada em consultoria estratégica. A firma, fundada em 1920 por Oscar James McKinsey (1889-1937), tem como objetivo aconselhar e ajudar as empresas a prosperar num ambiente económico turbulento. Com escritórios em todo o mundo, a McKinsey & Company tem uma sólida reputação baseada em fortes valores em torno da consultoria estratégica.

A matriz desenvolvida nos anos 70 liga a atratividade do mercado (os fatores-chave do ambiente) e as vantagens competitivas da SBU (a capacidade competitiva da SBU no mercado).

Os fatores aqui considerados são, portanto, ligeiramente diferentes porque se concentram mais na vantagem competitiva da SBU do que na sua quota de mercado. Isto permite ter em conta as vantagens que podem conduzir a uma boa imagem de marca, recursos tecnológicos avançados, etc.. Além disso, a utilização das atrações do mercado em vez da sua taxa de crescimento permite que fatores como a existência de legislação favorável sejam tidos em conta. Por conseguinte, é evidente que a matriz GE é uma ferramenta de diagnóstico muito mais sofisticada do que a matriz de crescimento-partilha BCG, uma vez que considera uma série de fatores que anteriormente eram negligenciados.

Finalmente, vale a pena notar que esta matriz oferece situações neutras, permitindo ao gestor escolher de acordo com as suas preferências ou circunstâncias que considere favoráveis ou desfavoráveis ao investimento.

A Matriz do Portfólio de Ashridge

Desenvolvida por Michael Goold e Andrew Campbell, a Ashridge Portfolio Matrix oferece uma nova visão da gestão de carteiras, uma vez que enfatiza a capacidade da gestão para compreender a SBU e agir em conformidade. De facto, se a gestão não for capaz de compreender as necessidades de desenvolvimento da SBU, o seu investimento pode ser mal atribuído. Da mesma forma, se a gestão não tiver as competências necessárias para melhorar o desempenho da SBU, qualquer investimento será inútil. Quatro tipos de atividades resultam desta observação:

- Atividades Heartland, que o gestor compreende e é capaz de atuar;

- Atividades de lastro, que o gestor compreende mas não tem as competências necessárias para melhorar;

- Atividades de armadilha de valores, onde a gestão geral pode melhorar o desempenho, mas não compreende necessariamente o raciocínio;

- As atividades alienígenas, que são claramente inadequadas como gestores, não compreendem o raciocínio por detrás delas e não têm as competências para as desenvolver.

Esta abordagem permite aos utilizadores concentrarem-se tanto na gestão como na SBU, cujo desempenho deve ser melhorado. Esta relação foi anteriormente negligenciada pelos teóricos, que se concentraram principalmente no mercado e na atividade.

Em conclusão, reunir estas diferentes abordagens só pode ser uma coisa boa para o gestor. A inclusão de vantagens competitivas, atrativos de mercado e a interação entre a SBU e a gestão melhorará a capacidade do gestor para analisar a atribuição de recursos entre as várias SBU.

APLICAÇÃO PRÁTICA

CONSELHOS E DICAS DE TOPO

A importância de definir o mercado

Como já vimos, definir um mercado nem sempre é fácil e pode colocar muitos problemas ao gestor. O gestor deve evitar:

- concentrar-se num mercado demasiado estreito, com o risco de negligenciar um grande número de potenciais concorrentes;

- visar um mercado demasiado grande, uma vez que isto pode levar a longos e tediosos estudos que são dispendiosos em termos de tempo e dinheiro.

É vital definir o mercado certo, porque a análise global da matriz de crescimento-partilha da BCG depende disso. Por conseguinte, recomenda-se que os utilizadores dediquem tempo a analisar o mercado antes de aplicarem o modelo. Não devem hesitar em procurar ajuda de especialistas do mercado, que lhes poderão dar conselhos sobre o melhor esboço possível, tendo em conta os recursos e o tempo disponíveis para o gestor.

Dividir as SBUs na matriz de crescimento-partilha da BCG

É essencial para um gestor ter SBUs em todos os quadrantes da matriz de crescimento-partilha do BCG

Devem ter o cuidado de evitar ter atividades em apenas um quadrante. Por exemplo, embora ter apenas vacas em dinheiro seja rentável a curto prazo, neste caso, o futuro será incerto. Para além disso, a empresa corre o risco de parecer velha ou desatualizada para os consumidores. Da mesma forma, um gestor que possui apenas pontos de interrogação arrisca-se a enfrentar rapidamente problemas financeiros, e em breve será forçado a cessar todas as atividades. Recomenda-se a disseminação das SBU por todos os quadrantes do modelo de participação no crescimento, a fim de alcançar um equilíbrio entre atividades envelhecidas mas lucrativas, e atividades jovens de elevado potencial que requerem investimentos contínuos e substanciais.

Antecipando a evolução da SBU

Neste ponto, o leitor pode ver que o posicionamento de atividades estratégicas na matriz de crescimento-partilha do BCG não é fácil. Muitas dificuldades podem perturbar o seu posicionamento escolhido e provocar o rápido declínio de uma SBU. Além disso, um gestor experiente que teve em conta todos os vários elementos e características do mercado não pode permitir-se um momento de descanso quando identificou e colocou corretamente uma SBU no modelo. De facto, a posição de cada atividade na matriz de crescimento-partilha de BCG não é permanentemente fixa. Vários cenários de desenvolvimento são possíveis para cada atividade representada. Cada atividade deve, portanto, ser estudada em pormenor, a fim de dar à empresa a melhor hipótese de sucesso possível. Por conseguinte, é importante completar uma matriz de ações de crescimento da BCG que descreva os diferentes cenários possíveis para cada SBU. Para tal, existem várias opções possíveis, como se mostra no diagrama abaixo.

- **O caminho da inovação.** Isto corresponde à chegada direta de uma SBU no quadrante superior esquerdo das estrelas. A empresa que reinveste os lucros gerados (em particular de vacas a dinheiro) em I&D (investigação e desenvolvimento) pode esperar seguir o caminho da inovação. Este dinheiro reinvestido permite o aparecimento de novas competências e recursos que resultarão na criação de uma nova SBU com vantagem competitiva sobre os seus rivais. Posteriormente, quando o mercado atingir a maturidade, espera-se que estas atividades se transformem em vacas a dinheiro, que, por sua vez, investirão em I&D.

- **O caminho a seguir.** Da mesma forma, os lucros gerados pelas vacas em dinheiro também podem ser investidos nos pontos de interrogação que têm um forte potencial de crescimento. Com este investimento, elas podem desenvolver-se e eventualmente assumir uma posição de liderança no mercado.

- **O caminho da catástrofe.** Nem todos os cenários são tão otimistas como os anteriormente vistos. De facto, se uma atividade no quadrante das estrelas não receber os investimentos esperados, poderá rapidamente encontrar-se no quadrante dos cães. Isto também pode acontecer se a empresa não conseguir analisar devidamente as expectativas dos consumidores e os fatores-chave de sucesso.

- **O caminho da mediocridade.** Este caminho inclui as atividades que caem no quadrante dos pontos de interrogação e não evoluem para estrelas. Estas atividades acabam por estagnar entre as categorias do cão e dos pontos de interrogação, resultando numa drenagem significativa de dinheiro para resultados insatisfatórios.

O gestor que deseje aplicar a matriz de crescimento-partilha do BCG deve ter em conta os vários cenários possíveis e assim evitar concentrar-se apenas nos caminhos positivos que as SBUs poderiam seguir. O sucesso requer o desenvolvimento de respostas a cenários indesejáveis que qualquer empresa possa enfrentar.

A utilização complementar de matrizes de gestão de carteiras

Embora os benefícios da matriz de crescimento-partilha do BCG sejam evidentes, ela também tem algumas limitações. Uma delas é o facto de o modelo se basear numa simplificação excessiva e não ter em conta todas as características do mercado.

Desde o surgimento da matriz de crescimento-partilha do BCG, outros modelos também tiveram algum sucesso com gestores em termos de gestão de carteiras. Estes incluem a matriz GE da McKinsey e a Ashridge Portfolio Matrix, que ajudam o gestor a aprofundar o seu conhecimento do mercado e da sua atividade, e a obter uma visão complementar das melhores escolhas de alocação a fazer.

ESTUDO DE CASO

Tomemos o exemplo de uma empresa de renome mundial criada nos anos 70. Reúne um grande número de esferas de atividades de vários sectores. Estas incluem, entre outras, companhias aéreas, uma empresa ferroviária, uma editora e até uma empresa de turismo espacial. A empresa é um conglomerado, o que significa que reúne um grande número de atividades que não têm sinergias muito claras entre elas. O objetivo do fundador da empresa era permitir o crescimento das empresas através do investimento de fundos e competências. Em 2012, o grupo registou um volume de negócios de cerca de 13 mil milhões de libras e emprega aproximadamente 50 000 pessoas em todo o mundo.

Este caso é extremamente interessante quando analisado no contexto da matriz de crescimento-partilha do BCG porque nos ajuda a compreender como algumas SBU conseguem apoiar outras, embora não haja semelhanças entre elas. A estratégia de Richard Branson consiste em ajudar muitas empresas a prosperar através de aquisições e transferências de competências. Por conseguinte, são necessários fundos substanciais para que esta estratégia tenha sucesso. Para tal, algumas áreas das atividades existentes devem ajudar a financiar novas atividades consideradas como tendo algum potencial explorável.

Neste momento, certos pontos precisam de ser esclarecidos antes de explicar o modelo, para que possa ser plenamente compreendido.

- Em primeiro lugar, nem todas as atividades da empresa estão representadas no modelo, de modo a torná-lo mais claro para o leitor. Apenas algumas delas são representadas.

- A seguir, o baixo número de atividades no quadrante canino é explicado pelo facto de o grupo querer evitar manter atividades nesta área. Além disso, no que diz respeito às atividades atuais, é difícil saber quais as SBUs que acabarão por se deslocar para este quadrante.

- Finalmente, como acima referido, a matriz de crescimento-partilha de BCG é uma ferramenta que deve ser atualizada regularmente, o que significa que os resultados de um dia podem mudar no dia seguinte. Este modelo pode, portanto, evoluir rapidamente nos próximos anos.

Tendo esclarecido estes pontos, podemos prosseguir com a aplicação da matriz de ações de crescimento da BCG da empresa:

- As SBUs que já deram provas de si próprias incluem as companhias aéreas. A primeira companhia aérea foi fundada na década de 1980. Desde então, floresceu e foi capaz de se expandir: hoje atingiu uma certa maturidade. Liderando a marca da empresa, foi principalmente através disto que a empresa ganhou reputação pela segurança e fiabilidade, tanto no campo da aviação como no resto dos seus produtos. Este tipo de atividade, um excelente exemplo do conceito de vaca em dinheiro, permite à empresa angariar uma quantidade considerável de fundos que são utilizados no seu desenvolvimento, mas também no desenvolvimento de novas SBUs com elevado potencial. Dito isto, as vacas a dinheiro não duram para sempre, pois embora a empresa se tenha saído bem com a companhia aérea, o mesmo não se pode dizer da companhia ferroviária. Na sequência da privatização da rede ferroviária na Grã-Bretanha nos anos 90, a empresa decidiu tirar partido da sua boa reputação no domínio das viagens aéreas e investir fortemente neste novo mercado. A forte concorrência exige um investimento contínuo e não permite a reafectação de muito lucro em novos mercados, o que explica por que razão a companhia ferroviária se mudou para o quadrante dos cães.

- Os campos do entretenimento e dos media são dois tipos de atividades da empresa que se encontram no quadrante das estrelas da matriz de crescimento-partilha do BCG:

  - Como o mundo das telecomunicações e da Internet está em constante evolução, manter um lugar entre a elite é extremamente rentável, mas isto exige um investimento considerável. A empresa de comunicação social tem enfrentado muitas dificuldades financeiras nesta área a fim de manter a sua posição em vários países do mundo. Em França, uma das empresas do grupo foi levada a declarar falência em 2013 como resultado o download (legal, mas acima de tudo ilegal) de música na Internet.

- Quanto ao entretenimento, o grupo é muito ativo no sector. Diferentes fontes de rendimento, incluindo o gerado pela música, asseguram uma rede de segurança financeira confortável. No entanto, os problemas no negócio dos media também se aplicam ao mundo do entretenimento.

- Além disso, uma empresa como esta, baseada na compra e desenvolvimento de novas SBUs com elevado potencial de crescimento, deve possuir uma série de atividades de ponto de interrogação na sua carteira. O interesse relativamente recente da empresa nas finanças sugere atualmente perspetivas futuras incertas, o que é especialmente verdade em tempos de crise global. Além disso, empresas como a empresa de turismo espacial não estão muito em sintonia com as realidades atuais, nomeadamente o declínio do poder de compra. Este tipo de atividade poderia, portanto, estar entre as primeiras a enfrentar as consequências da atual crise.

- Finalmente, mesmo que nenhuma atividade esteja presente no quadrante canino, a empresa livrou-se de algumas atividades que se teriam encaixado nesta categoria. Uma empresa centrada no potencial de novas atividades deve sempre considerar os riscos inerentes a qualquer investimento.

Em conclusão, devemos salientar que este grupo tem conseguido encontrar um bom equilíbrio entre as suas áreas de negócio. As atividades que deram as suas provas destinam-se a financiar o desenvolvimento de novas atividades que, por sua vez, se as previsões estiverem corretas, produzirão então fundos para o lançamento de novos projetos. No entanto, não é fácil determinar com certeza o caminho que as áreas de negócio com forte potencial irão seguir, uma vez que há sempre um grande elemento de risco na injeção de fundos nestas atividades. A utilização da matriz de growth-share do BCG permite aos gestores ganharem opções claras relacionadas com a aquisição, e com o investimento e desenvolvimento de SBUs.

RESUMO

- A matriz de ações de crescimento da BCG é uma ferramenta para analisar a carteira de negócios de uma empresa. Foi desenvolvida pelo Boston Consulting Group nos anos 60, e é ainda hoje muito popular entre os gestores.

- Esta matriz permite aos gestores compreender e observar a importância relativa das atividades na sua carteira.

- Reúne as quotas de mercado relativas da empresa no eixo x e a taxa de crescimento do mercado no eixo vertical.

- Dependendo da situação nas estrelas, vacas a dinheiro, pontos de interrogação e quadrantes de cães, é aconselhável investir, manter ou livrar-se de atividades.

- Uma série de pressupostos, tais como o autofinanciamento e o efeito de experiência, devem ser confirmados para garantir que a matriz funciona corretamente.

- Algumas imprecisões, a simplificação dos termos e a subjetividade dos gestores significam que a matriz é por vezes imprecisa e tem certas limitações.

- É uma ferramenta complementar à matriz GE da McKinsey e à Matriz Ashridge Portfolio. A sua utilização isolada, embora interessante, não é necessariamente suficiente.

- A matriz deve ser continuamente atualizada ao longo do tempo, especialmente em mercados de alto crescimento.

- O desenvolvimento das SBUs ao longo do tempo pode levá-las a seguir caminhos diferentes ao longo do seu ciclo de vida.

- O exemplo de um conglomerado proporciona uma boa representação do funcionamento da matriz de crescimento-partilha do BCG e ajuda-nos a compreender o princípio subjacente ao financiamento de novas SBUs.

LEITURA ADICIONAL

BIBLIOGRAFIA

website *beCompta*: http://www.becompta.be

Website do *Boston Consulting Group*: http://www.bcg.com/

Deppe, A. (Sem data) Séquência 4 : La démarche stratégique à l'international. *Marketing Internacional.* [Online]. [Acedido em 6 de Maio de 2014]. Disponível a partir de: <http://foad.refer.org/IMG/pdf/Sequence_4-2.pdf>

Giboin, B. (2012) *La boîte à outils de la stratégie.* Paris: Dunod.

Johnson, G., Scholes, K., Whittington, R. e Fréry, F. (2008) *Stratégique.* [8ª edição]. Paris: Pearson Education.

Lambin, J. -J. e de Moerloose, C. (2008) *Marketing stratégique et opérationnel. Du marketing à l'orientation de marché.* [7ª edição]. Paris: Dunod.

Lendrevie, J. e Lévy, J. (2013) *Mercator 2013. Théorie et nouvelles pratiques du marketing.* [10ª edição]. Paris: Dunod.

Marchesnay, M. (1993) *Stratégique de gestão.* Paris: Eyrolles. pp. 5-6.

Sítio Web *McKinsey*: http://www.mckinsey.com/

Saïas, M. e Métais, E. (2001) *Stratégie d'entreprise : évolution de la pensée. Finanças. Contrôle. Stratégie.* 4(1), pp. 183-213.

Sítio web de *marketing estratégico*: http://www.marketing-strategique.com/

Sítio web *virgem*: http://www.virgin.com/

FONTES ADICIONAIS

Armstrong, J. S. e Brodie, R.J. (1994) Effects of Portfolio Planning Methods on Decision Making: Resultados experimentais. *International Journal of Research in Marketing.* 11(1), pp. 73-84.

Fleisher, C. S. e Bensoussan, B. E. (2003) *Strategic and Competitive Analysis: Métodos e Técnicas de Análise da Concorrência Empresarial.* Rio Sela Superior: Prentice Hal .

Hambrick, D. C., MacMillan, I. C. e Day, D. L. (1982) Strategic Attributes and Performance in the BCG Matrix. Uma Análise Baseada em PIMS de Negócios de Produtos Industriais. *Revista da Academia de Gestão.* 25(3).

Queremos ouvir de si!
Deixe um comentário sobre a sua biblioteca online
e partilhe os seus livros favoritos nas redes sociais!

**IMPROVE YOUR
GENERAL KNOWLEDGE**
IN THE BLINK OF AN EYE!

www.50minutes.com

Mestre ISBN: 9782808065658
Papel ISBN: 9782808065948
Depósito legal: D/2022/12603/123

Desenho digital: Primento,
o parceiro digital dos editores.